PATRICE **RAS**

Aujourd'hui, j'arrête de tout remettre à demain !

Halte à la procrastination !

W0338569

jouvence
EDITIONS

Du même auteur aux Éditions Jouvence

Savoir décider, 2011
Les Fabuleux Pouvoirs des accords toltèques, 2010
Morphopsychologie : le visage miroir de la personnalité, 2008

Extrait de la collection « Pratiques Jouvence »

L'art de la réconciliation, Marshall B. Rosenberg, 2010
Boostez votre créativité, Sylvie Batlle, 2010
La positive solitude, Hervé Magnin, 2010
Petit traité de contre-marketing, Y.-Alexandre Thalmann, 2010
Le grand oui à la vie, Pierre Pradervand, 2009
Auto-coaching au quotidien, Laurent Bertrel, 2009
Se désencombrer de l'inutile, R. Poletti et B. Dobbs, 2008
La communication NonViolente au quotidien, Marshall B. Rosenberg, 2003
Ne plus se laisser manipuler, Bernard Raquin, 2003
Lâcher prise, R. Poletti et B. Dobbs, 1998

Catalogue gratuit sur simple demande
Éditions Jouvence
FRANCE : BP90107 – 74161 SAINT-JULIEN-EN-GENEVOIS CEDEX
SUISSE : CP 227 – 1225 CHÊNE-BOURG (GENÈVE)
SITE INTERNET : **www.editions-jouvence.com**
E-MAIL : info@editions-jouvence.com

ISBN 978-2-88353-891-7

Dessin de couverture : Jean Augagneur
Mise en pages : atelier weidmann, Versoix (Suisse)

Ce n'est pas parce que les choses sont difficiles
que nous ne les faisons pas…
C'est parce que nous ne les faisons pas
qu'elles nous paraissent difficiles.

Sommaire

Introduction

Mais d'abord qu'est-ce que la procrastination ? Une manie ? Une maladie ? Un « défaut » ? Une déviance ? Un trouble ? Ou quoi d'autre encore ? Nous définirons la procrastination de façon simple et précise afin de mieux la comprendre et par conséquent de mieux la combattre…

Faites-vous partie des gens qui reportent ou repoussent indéfiniment leurs obligations ? La réponse est OUI. Comment puis-je le savoir ? Tout simplement parce que tous les êtres humains le font… plus ou moins. Et si vous lisez ce livre, c'est que vous êtes plus concerné que les autres par cet étrange comportement.

La question est donc plutôt de savoir dans quelle mesure et dans quels domaines vous avez tendance à procrastiner ? Vous pourrez le découvrir en faisant les petits tests de la première partie. Cela devrait vous aider à comprendre et à relativiser.

Ensuite, vous pourrez continuer votre investigation en recherchant les causes de votre procrastination. Elles sont multiples et nombreuses, mais toutes ne vous concernent pas forcément. Pourquoi procrastinez-vous ? En découvrant les causes de votre procrastination, vous progressez encore d'un pas supplémentaire et reprenez un peu plus le contrôle de votre vie…

Ce n'est qu'après avoir inventorié et cartographié vos raisons de procrastiner que vous pourrez vous atteler à la question suivante, la question centrale, celle pour laquelle vous lisez ce livre : comment arrêter de procrastiner ? Ou du moins comment diminuer cette tendance un peu gênante, voire destructrice ?

Vous découvrirez certainement des solutions que vous avez déjà essayées (avec plus ou moins de succès) et d'autres auxquelles vous n'avez jamais pensé. Libre à vous de piocher ensuite dans cette boîte à outils et de les expérimenter à votre guise…

Dans le domaine du développement personnel et spirituel, les solutions sont rarement universelles. C'est plutôt à chacun de construire son parcours de solutions en fonction de son profil et de ses causes. Cela n'empêche pas de partager un fil conducteur à la fois psychologique et spirituel…

Quel rapport peut-il y avoir entre la procrastination et la spiritualité ? Si l'on entend par spiritualité le chemin qui nous mène de l'ego à l'Amour, alors la spiritualité est sans doute un axe de solution très pertinent. Et cela quelle que soit la religion que l'on pratique.

Pour finir (cette introduction), vous découvrirez sans doute avec étonnement que les causes et les solutions touchent à presque tous nos comportements et difficultés. La procrastination, tel un parasite, se nourrit en effet de toutes vos failles, blessures et autres carences. La bonne nouvelle, c'est qu'en travaillant chacune de ces carences vous l'affaiblissez un peu plus et vice versa : diminuer votre tendance à la procrastination vous oblige à vous développer dans beaucoup d'autres domaines…

La procrastination, c'est quoi ?

Définition

La procrastination est une tendance générale à différer consciemment vos obligations.

- **une tendance générale :** si vous remettez au lendemain une chose de temps en temps, ce n'est pas de la procrastination : une hirondelle ne fait pas le printemps…
- **à différer :** à remettre à plus tard, ce qui n'a rien à voir avec le fait de tout commencer et de ne rien finir… qui relève plutôt de la dispersion (incapacité à choisir, à finir et à assumer). Mais parfois (chez certaines personnes, dans certaines situations), procrastination et dispersion peuvent se juxtaposer (elles ne sont pas incompatibles).
- **consciemment :** car si vous oubliez de finir quelque chose, ce n'est pas de la procrastination, juste… un oubli, c'est-à-dire un problème de mémoire ou d'organisation !

- **vos obligations :** ce sont des actions que vous pensez devoir faire. Ces obligations sont de deux types : extérieures ou intérieures.
  - les obligations extérieures vous sont imposées par les autres : payer vos impôts, arriver à l'heure à un rendez-vous, faire un travail pour quelqu'un, etc.
  - les obligations intérieures découlent de vos choix et décisions : faire du sport (pour maigrir ou aller mieux), arrêter de fumer, ranger ou nettoyer votre domicile (pour vous sentir mieux et donner une meilleure image de vous), suivre une formation (pour progresser et/ou changer de poste), etc.

Si vous pensez, au contraire, que ce n'est pas à vous de le faire, ce n'est pas de la procrastination non plus. Vous êtes peut-être victime d'une manipulation (par exemple, quelqu'un essaie de vous faire faire quelque chose à sa place).

Questions

La procrastination est-elle « pathologique » ?

Qu'est-ce qu'une pathologie ? C'est un trouble, un dérèglement, un déséquilibre, un dysfonctionnement, un mécanisme négatif qui s'impose à la personnalité et qui occasionne une souffrance (à soi ou aux autres). De ce point de vue, la procrastination est bien pathologique, car :

- ○ elle occasionne effectivement une souffrance.
- ○ elle s'accompagne d'un conflit interne (je devrais/je n'ai pas envie) et/ou externe (tu devrais/je n'ai pas envie).
- ○ elle est subie et non choisie (je voudrais bien le faire, mais je n'y arrive pas, je n'en ai pas la force).

Conclusion : la procrastination est bien une tendance « pathologique » de la personnalité, une incapacité à réaliser ses obligations ou ses projets.

La procrastination est-elle « nuisible » ?

Pourquoi devriez-vous arrêter de procrastiner ? Connaissez-vous les bénéfices de la procrastination ? Faites ce mini-test pour découvrir quelles sont les raisons qui vous poussent à reporter et vous empêchent de réaliser vos desseins. Cochez les bénéfices qui vous concernent :

- ☐ Prendre du plaisir ou du bon temps
- ☐ Éviter ou différer un effort
- ☐ Économiser votre énergie
- ☐ Éviter de vous confronter à la réalité
- ☐ Ménager votre ego

- ☐ Laisser les « faux problèmes » se régler par eux-mêmes
- ☐ Laisser les autres régler les (vos ?) problèmes
- ☐ Gagner du temps
- ☐ Laisser « la nuit vous porter conseil »
- ☐ Autre : ....

Connaissez-vous les coûts
de la procrastination ?

- ○ Vous n'avez rien réglé
- ○ Le problème devient de plus en plus lourd, plus complexe, plus difficile à gérer
- ○ Votre marge de manœuvre (temps) diminue
- ○ Votre liberté diminue
- ○ Votre confiance en vous diminue
- ○ Votre intégrité (capacité à respecter vos engagements) diminue
- ○ La confiance des autres en vous diminue (voire disparaît)
- ○ Votre stress/anxiété augmente
- ○ Autre : ....

Procrastinez-vous ? 2

Pour le savoir, répondez sincèrement et spontanément aux différentes questions. Cochez la lettre (A, B, C) correspondant aux réponses qui vous concernent. Si aucune réponse ne vous convient, cherchez une réponse équivalente dans votre vie ou demandez à l'un de vos proches (famille, ami, collègue, etc.).

1) Vous êtes fatigué à l'idée de…
Ⓐ faire votre déclaration d'impôt
Ⓑ clarifier un malentendu avec votre voisin
Ⓒ demander une augmentation

2) Vous repoussez depuis des jours…
Ⓐ le rangement de votre bureau ou chambre
Ⓑ un appel important à passer
Ⓒ un bilan de compétences

3) Vous avez pris la résolution de…
Ⓐ vider votre cave, grenier ou garage
Ⓑ fêter tous les anniversaires de vos proches
Ⓒ suivre une formation

4) Vous n'osez pas…

Ⓐ déménager
Ⓑ quitter votre conjoint ou vous déclarer
Ⓒ changer de job

5) Vous repoussez…

Ⓐ un examen médical nécessaire
Ⓑ une confrontation familiale
Ⓒ une décision difficile (licenciement ?)

6) Vous avez décidé de…

Ⓐ chercher un autre logement
Ⓑ déclarer votre flamme
Ⓒ écrire un livre

7) Vous rêvez de…

Ⓐ réaliser un projet d'envergure (grand voyage ?)
Ⓑ renouer avec un parent ou ami perdu de vue
Ⓒ créer votre propre entreprise

8) Vous voulez changer…

Ⓐ l'aménagement de votre logement
Ⓑ vos relations affectives (famille, amis)
Ⓒ votre façon de travailler (statut, poste, entreprise, secteur, horaires…)

9) Vous admirez…

Ⓐ les gens qui organisent des super-fêtes
Ⓑ les gens qui disent ce qu'ils pensent
Ⓒ les gens ambitieux ou volontaires

10) Vous voudriez…

Ⓐ avoir un logement plus propre ou mieux rangé
Ⓑ avoir plus d'amis
Ⓒ gagner plus d'argent

11) Vous n'arrivez pas à trouver le temps de…

Ⓐ classer toute votre « paperasse »
Ⓑ passer du bon temps avec vos proches
Ⓒ réfléchir à votre avenir professionnel

12) Vous avez promis de…

Ⓐ aider un ami à refaire son appartement
Ⓑ servir de médiateur dans un conflit
Ⓒ participer activement dans cette association

Analyse des résultats

Ce questionnaire va vous permettre de déterminer votre profil de procrastinateur (degré et domaines).

Nombre de A (procrastination domestique) : ....
Nombre de B (procrastination relationnelle) : ....
Nombre de C (procrastination professionnelle) : ....

Reportez les résultats en inscrivant un gros point dans la case correspondante (score par domaine), puis reliez les trois points pour faire un graphique.

Résultat : votre profil de procrastination

	Domestique	Relationnel	Professionnel
12			
11			
10			
9			
8			
7			
6			
5			
4			
3			
2			
1			

Interprétation

Entre 1 et 3 : procrastination faible
Pas de panique ! Vous assurez pour l'essentiel et c'est le plus important. Vérifiez juste que les conséquences de vos « petites » procrastinations ne sont pas graves pour vous ou pour autrui. Et demandez-vous si ces obligations sont vraiment les vôtres ?

Entre 4 et 7 : procrastination importante
La situation est grave, mais pas désespérée. La preuve : vous lisez ce livre. Connaître et surtout reconnaître sa maladie, c'est la moitié de la guérison, non ? Alors continuez et allez jusqu'au bout...

Entre 8 et 12 : procrastination excessive
Attention ! Vous êtes en grand danger dans le domaine concerné : vous risquez d'être lâché par les personnes qui subissent et supportent votre comportement pathologique... mais pour combien de temps encore ?

3 Pourquoi procrastinez-vous ?

Pour le savoir, répondez sincèrement et spontanément aux différentes questions. Cochez la lettre (A, B, C) correspondant aux réponses qui vous concernent. Si aucune réponse ne vous convient, cherchez une réponse équivalente dans votre vie. Vous pouvez entourer plusieurs lettres/réponses pour la même question…

1) Si vous envoyez votre déclaration d'impôt en retard, c'est parce que vous…

Ⓐ détestez cette corvée
Ⓑ oubliez à chaque fois la date
Ⓒ n'arrivez pas à vous discipliner

2) Vous repoussez depuis des jours un appel important à passer, parce que vous…

Ⓐ n'y pensez pas
Ⓑ ne trouvez pas le temps
Ⓒ n'avez pas le courage

3) Vous oubliez souvent de fêter les anniversaires de vos proches, parce que vous…
Ⓐ ne trouvez pas cela très important
Ⓑ ne les notez pas quelque part
Ⓒ avez tellement d'autres choses à faire

4) Vous ne demandez pas d'augmentation, parce que vous…
Ⓐ n'y croyez pas
Ⓑ ne savez pas comment demander !
Ⓒ n'osez pas affronter votre chef

5) Vous repoussez cet examen médical nécessaire, parce que vous…
Ⓐ pensez que rien ne presse
Ⓑ ne trouvez pas un moment de libre
Ⓒ n'aimez pas les examens

6) Vous avez décidé de suivre une formation, mais n'avez encore rien fait, parce que vous…
Ⓐ ne savez pas quoi en faire par la suite
Ⓑ ne savez pas laquelle choisir
Ⓒ craignez d'y laisser des plumes (soirées)

7) Vous rêvez d'écrire un livre (ou de réaliser un projet de cette envergure), mais…
Ⓐ personne ne vous encourage !
Ⓑ par quoi commencer ?
Ⓒ vous n'y arriverez jamais !

8) Changer de job ? Vous vous dites :
Ⓐ est-ce vraiment mieux ailleurs ?
Ⓑ cela demande un temps fou !
Ⓒ c'est trop d'efforts pour le résultat !

9) Vous admirez les gens qui organisent des super-fêtes (anniversaire par exemple), mais…
Ⓐ c'est trop d'énergie à déployer
Ⓑ vous n'en avez pas les moyens (financiers ?)
Ⓒ vous n'avez pas la carrure pour cela

10) Vous voudriez renouer avec des parents ou des amis (éloignés, perdus…), mais…
Ⓐ le jeu en vaut-il la chandelle ?
Ⓑ comment s'y prendre ?
Ⓒ ce n'est pas à vous de faire les premiers pas

11) Chercher un autre logement ? C'est que…
Ⓐ vous n'êtes pas si mal où vous êtes
Ⓑ vous n'arrivez pas à trouver le temps
Ⓒ vous vous laissez accaparer par d'autres choses

12) On vous a demandé de ranger votre pièce (bureau, chambre, etc.), mais vous…
Ⓐ n'en voyez vraiment pas l'intérêt
Ⓑ ne savez pas ranger
Ⓒ êtes fatigué rien que d'y penser

Analyse des résultats

Nombre de A (manque de motivation) : ....
Nombre de B (manque d'organisation) : ....
Nombre de C (manque de personnalité) : ....

Reportez les résultats du test en inscrivant un gros point dans la case correspondante (score par domaine), puis reliez les trois points pour faire un graphique.

Résultat : vos sources de procrastination

	Motivation	Organisation	Personnalité
12			
11			
10			
9			
8			
7			
6			
5			
4			
3			
2			
1			

Interprétation

Entre 1 et 3 : source faible. Tout va plutôt… bien dans les domaines concernés.

Entre 4 et 7 : source importante. La situation est grave, mais pas désespérée. Consultez surtout les chapitres correspondants.

Entre 8 et 12 : source excessive. Attention ! Vous êtes en grand danger dans les domaines concernés. Réagissez rapidement !

Les sources de votre procrastination (détail)

Vous connaissez les trois grandes sources de la procrastination, mais ce n'est pas suffisant : vous pouvez aller beaucoup plus loin en identifiant les sources secondaires. Cochez (toutes) celles qui vous concernent. Ensuite, lisez attentivement les chapitres qui vous concernent.

A) Motivation

- ☐ Le manque de motivation, d'enthousiasme
- ☐ Le manque d'énergie (fatigue ou épuisement)
- ☐ Le manque d'intérêt ou de plaisir (ennui)
- ☐ Le manque de désir (dépression)
- ☐ Le manque de concentration ou d'attention
- ☐ Autre : ....

B) Organisation

- ☐ Le manque de temps
- ☐ Le manque d'organisation
- ☐ Le manque de priorité
- ☐ Le manque de moyens (matériels ou non)
- ☐ Autre : ....

C) Personnalité

- ☐ Le manque d'intégrité
- ☐ Le manque de courage (lâcheté)
- ☐ Le manque de sens de l'effort, de rigueur ou de discipline (paresse)
- ☐ Le manque de liberté (dépendance, TOC…)
- ☐ Le manque de capacité à décider
- ☐ Le manque de capacité à refuser
- ☐ Le manque de maturité
- ☐ Autre : ....

A) Motivation

Le manque de motivation, d'enthousiasme

Si vous manquez de l'un ou l'autre de ces facteurs, c'est que vous n'êtes pas motivé… Mais qu'est-ce que la motivation ? C'est ce qui nous meut, c'est-à-dire nous met en action. Qu'est-ce qui nous fait donc agir ? La recherche du plaisir, évidemment. Mais qu'est-ce qui nous procure du plaisir ? La satisfaction de l'un ou de plusieurs désirs et, partant, de l'un ou de plusieurs de nos besoins…

La motivation est donc le lien que nous faisons consciemment ou non entre nos besoins et nos désirs d'un côté et certaines actions (et/ou communication) de l'autre. La motivation est donc une espérance de gain, un espoir de satisfactions. Vous êtes motivé si et quand vous croyez qu'en faisant telle chose vous obtiendrez telle satisfaction…

Le besoin

Le sens du mot « besoin » a évolué : extension, transposition et confusion. Au sens strict (celui qui nous intéresse ici), le besoin est une nécessité intérieure naturelle et universelle. En fait, comme tous les êtres vivants, nous sommes en équilibre instable et nous ressentons un manque (de nourriture, d'énergie, d'amour, de considération…) ou un excès (d'énergie, d'amour…). L'expression « avoir besoin de quelque chose ou de quelqu'un » est une exagération qui met en valeur le ressenti interne (« Il faut que j'aie ou fasse pour…).

Distinction entre besoin et désir

Quelle est la différence entre besoin et désir :

- Les besoins sont nécessaires, irremplaçables, internes, en nombre limité.
- Les désirs sont contingents, interchangeables, « externes » et infinis. Tout peut devenir objet de désir : les objets, les activités et les personnes.

Exemples : J'ai soif (besoin) et j'ai envie (désir) d'un thé ou d'une glace ; j'ai besoin d'être reconnu et je veux une augmentation ; j'ai besoin d'être aimé et je souhaite une relation avec toi…

Combien y a-t-il de besoins ?

Il est presque impossible de répondre (avec certitude) à cette question, car la chose la plus fondamentale est la moins connue et la moins consciente. C'est pourquoi il nous faut faire appel à des modèles et à des théories. En voici un (le mien) qui reprend et amplifie la notion de familles de besoins, mais sans la notion de hiérarchie (contestée de toutes parts). De plus, j'ai découvert que les besoins sont opposés deux à deux, ce qui explique beaucoup de choses : les conflits (internes ou externes), les hésitations, les revirements, les duplicités...

Voici les douze besoins (2 × 6) :

Besoins A	opposés aux	*Besoins B*
physiologiques		*intellectuels*
de sécurité		*de liberté*
d'appartenance		*de réalisation*
de stimulation		*d'ordre*
de communication		*de solitude*
de reconnaissance		*de contrôle*

La dynamique des besoins

Les besoins sont des énergies, des forces qui luttent entre elles et parfois s'équilibrent : dans ce cas, ils se neutralisent mutuellement et empêchent toute décision et toute action (cohérente). Sinon, un (seul) besoin émerge (le plus fort) et devient actif et (la plupart du temps) conscient.

Conséquence : on ne peut pas satisfaire simultanément deux besoins opposés. Mais on peut les satisfaire successivement. À chaque instant, la vie nous demande de choisir entre des options (objets, actions, relations, sentiments...) et, par conséquent, entre des besoins.

Besoins et personnalité: un besoin « doit » être satisfait pour disparaître... Mieux: moins il est satisfait, plus il se renforce (ex.: la faim, la sexualité...). Conséquence: les besoins les plus forts chez un adulte sont ses besoins les moins satisfaits dans son enfance (compensation).

Le manque d'énergie (fatigue ou épuisement)

1) Causes physiologiques

- ○ Manque de récupération (vacances)
- ○ Manque de sommeil
- ○ Mauvaise gestion de l'énergie
- ○ Mauvaise santé
- ○ Mauvaise alimentation
- ○ Excès de changement
- ○ Excès en tout genre: vie déséquilibrée

2) Causes psychologiques

- ○ Manque de sécurité, de sérénité
- ○ Manque de communication
- ○ Excès de responsabilités
- ○ Excès de risques
- ○ Excès de stress

- Répétition de conflits
- Répétition d'échecs (importants)
- Répétition d'émotions négatives
- Insatisfaction générale
- Insatisfaction familiale/conjugale
- Insatisfaction professionnelle
- Non-respect de ses rythmes
- Pathologie non traitée
- Émotions négatives
- Hésitation chronique
- Mauvaise gestion de l'énergie

Le manque d'intérêt ou de plaisir (ennui)

Si vous n'êtes pas intéressé par ce que vous faites, que vous n'éprouvez pas, peu ou plus de plaisir ou que vous vous ennuyez, ce n'est pas irrémédiable. Considérez cela comme un moment passager qui n'est pas destiné à perdurer… Examinons les différents cas possibles.

Tout d'abord, il se peut que votre besoin de stimulation soit très important et votre vie pas tout à fait en adéquation avec lui… puisque vous ne pouvez pas supprimer ou diminuer votre besoin, il ne vous reste que deux solutions : attendre des jours meilleurs (notamment si vous êtes dans une situation transitoire) ou changer quelque chose dans votre vie, en particulier dans le domaine concerné (travail, amour, famille, loisirs…).

Il se peut aussi que vous soyez arrivé au bout de quelque chose. Peut-être que vous n'apprenez plus rien dans votre travail ? Ou que ce travail est (désormais) trop facile pour vous ? Quand on a « fait le tour de son poste », on ne progresse plus et on s'ennuie généralement. Depuis quand avez-vous fait le point avec votre supérieur hiérarchique au sujet de votre évolution de carrière ?

Il se peut également (surtout si vous êtes une femme) que vous ayez consacré beaucoup ou la totalité de vos ressources (temps, énergie et argent) aux autres… et que vous vous retrouviez seule aujourd'hui : départ des enfants du foyer, divorce, deuil, etc. Dans ce cas, tout se passe un peu comme si vous vous demandiez : À quoi bon ? En fait, vous avez tellement investi sur les autres que vous vous retrouvez… vide ou vidée. Entretemps, vous avez oublié de vous occuper de vous, de vous écouter, de vous demander ce qui était bon pour vous…

Il se peut enfin que soyez en dépression larvée : c'est un état de dépression légère mais néanmoins réelle qui sabote tout le processus Besoin ▷ Désirs ▷ Décision ▷ Action. Un peu comme une toile de fond colore plus ou moins subtilement un tableau. Peut-être avez-vous un fond dépressif ou « maniaco-dépressif » (« bipolaire ») qui remonte à la surface de temps à autre… Vérifiez-le dans le paragraphe suivant…

Le manque de désir (dépression)

Êtes-vous déprimé ou dépressif ? Ce n'est pas exactement la même chose. Ou plutôt si, mais pas au même niveau : nous sommes tous, un jour ou l'autre, déprimés quand nous n'arrivons pas à obtenir ce que nous voulons ou surtout quand la vie nous retire ce qu'elle nous avait donné (amour, travail, logement, privilèges…). Nous sommes souvent tristes, en colère parfois, malheureux même… mais nous pouvons encore nous plaindre et continuer à vivre et à travailler. Même notre mauvaise humeur contient encore de la force, de la vie et du désir…

Mais nous sommes rarement dépressifs, c'est-à-dire atteints de dépression, et heureusement ! car la dépression est terrible : c'est la disparition du désir, en particulier celui de vivre. Un dépressif n'a plus envie de rien et n'apprécie plus rien (y compris ce qu'il adorait encore la veille). Dès lors, il n'a plus la force de rien et le moindre effort lui paraît démesuré : se lever, aller aux WC, boire ou manger, s'habiller ou se laver, se raser ou se maquiller, appeler un ami, consulter ses messages… En fait, il n'a quasiment que deux envies : dormir et… mourir.

Si vous êtes vraiment dépressif, en connaissez-vous les causes ? Plus ou moins ? Partons ensemble à la recherche de toutes les causes possibles… La première (la plus connue) est la fatigue ou, plus exactement, l'épuisement. La seconde, qui l'accompagne souvent, est le burn-out, l'excès de stress.

Ce sont les causes les plus connues, mais ce ne sont pas les seules : il en existe d'autres, plus subtiles ou plus sournoises… Par exemple, on peut avoir une personnalité dépressive, plus ou moins déclarée, plus ou moins contrôlée. C'est le cas des bipolaires (appelés autrefois psychotiques maniaco-dépressifs). Or, si les vrais bipolaires sont rares, nombreux sont ceux qui en ont une tendance plus ou moins prononcée… En phase « maniaque » (hyperactivité), rien n'apparaît, mais il suffit d'être en phase dépressive pour sombrer… plus ou moins profondément. Ainsi, arrivés à la cinquantaine, un certain nombre d'entre eux « craquent », car leur vitalité baisse et n'arrive plus à fournir l'énergie prodigieuse consommée en phase maniaque.

Autre cause psychologique : une blessure narcissique. Nous en avons tous, mais là encore tout est question de degré. Chez certains, il peut s'agir d'une faille, d'un gouffre sans fond qui peut être réveillé n'importe quand par un évènement négatif : deuil, perte, séparation, licenciement, etc. Ces blessures sont aujourd'hui bien connues. C'est Lise Bourbeau qui les a vulgarisées : l'abandon, le rejet, l'humiliation, la trahison et l'injustice.

Enfin, dernière hypothèse, plus rare, mais pourtant bien réelle : un non-dit. Certaines études montrent que les enfants à qui les parents ont caché une partie de leur histoire… ont très souvent une tendance dépressive chronique.

Le manque de concentration ou d'attention

Être concentré ou attentif, c'est être présent. Or, le paradoxe est que nous sommes rarement présents… beaucoup moins que nous le pensons ! Pourtant les enfants sont présents… Alors ? L'explication est que nous perdons cette faculté avec l'éducation. Mais l'enfant n'est pas si attentif que cela. En fait, sa capacité de concentration est faible et il ne peut rester longtemps sur un même sujet. Ce sont les études en général et la lecture en particulier qui développent notre concentration.

Lisez-vous beaucoup ? Aimez-vous lire ? Aimiez-vous les études et la formation ? Peut-être avez-vous été amené à quitter précocement l'école, malgré vos souhaits, votre intérêt ou vos résultats ?

Deuxième hypothèse : vous êtes peut-être perturbé par vos émotions ? Si vous avez ou venez d'avoir une vie mouvementée avec de nombreux changements, il est tout à fait normal que votre concentration faiblisse…

Troisième piste (déjà évoquée) : la fatigue. En effet, la concentration consomme beaucoup d'énergie (nerveuse). Pourquoi ? Parce que se concentrer, c'est se discipliner, se contrôler, se maîtriser en continu. C'est donc opposer une force (mentale) supérieure aux forces en tout genre qui nous régissent : désirs, émotions, sentiments, sensations, etc. C'est refuser de satisfaire ces « enfants intérieurs » qui nous réclament pourtant tout et n'importe quoi à chaque instant. Par conséquent, rester concentré longtemps est très fatigant… sauf quand on est habitué ou entraîné.

Cela nous amène à la cause suivante : vos habitudes. Vos parents et vos professeurs vous ont-ils donné de bonnes habitudes (par exemple, le travail ou l'étude) ou non ? Si ce n'est pas le cas, ils ne vous ont pas rendu service, car en ne vous apprenant pas la discipline, ils ne vous ont pas permis de vous discipliner vous-même… mais rien n'est définitif en la matière, heureusement !

B) Organisation

Le manque de temps

Cette expression est un non-sens à proprement parler… D'abord parce que le temps n'est pas une matière que vous pouvez acheter, vendre ou accumuler. Ensuite parce que vous disposez de vingt-quatre heures par jour, comme tout le monde. Nous sommes en effet tous égaux (et c'est heureux) devant le temps. Enfin parce que vouloir plus de temps (pour toutes les choses que vous avez à faire !), c'est être dans l'illusion totale… de votre désir qui est précisément de remplir le temps qui vous est imparti, de le saturer jusqu'à le faire « déborder »… mais pourquoi au fait ? Auriez-vous peur de quelque chose ? Du vide ? De l'ennui ? De vous retrouver face à vous-même ? Ou quoi d'autre ?

N'oubliez pas que vous ne savez pas quand vous allez mourir… C'est peut-être dans trente ans ou trente secondes. Alors pourquoi vouloir à tout prix remplir votre temps par des actions, par du « faire », en oubliant, en méprisant (?) l'être ? Si vous saviez qu'il ne vous reste que quelques instants à vivre, n'aimeriez-vous pas en « profiter » totalement ? Et déguster pleinement chaque instant, en toute conscience ? Mais vous ne pouvez pas déguster votre vie si vous vivez à cent à l'heure... Alors que cache cette course, cette fuite en avant ?

En fait, le « manque de temps » n'est qu'un prétexte, une façon malhabile de dissimuler votre inconscience ou méconnaissance du temps, de ses lois, de ses particularités, de ses bizarreries... Vous les découvrirez plus loin (du moins quelques-unes d'entre elles) et cela devrait vous permettre de mieux « gérer » votre temps.

Le manque d'organisation

Si vous manquez d'organisation, c'est probablement que vous n'en voulez pas... Car les gens organisés ont « naturellement » cherché et trouvé les moyens de s'organiser, seuls ou avec l'aide des autres. Les moyens ne manquent pas, ils ne manquent jamais... Seule la volonté fait défaut (comme pour la concentration).

En fait, si vous manquez d'organisation, c'est que vous préférez vivre à votre gré, sans (trop) vous contraindre, car l'organisation est une contrainte... qui contraint le temps. C'est le contraire de la spontanéité et du « naturel ». Spontanément, nous n'aimons pas l'ordre, qui est son opposé, mais aussi son complément. Spontanément, nous sommes paresseux et désorganisés, changeants et soumis à nos émotions, passions et envies en tout genre.

Vous préférez vivre dans le naturel et la spontanéité ? Soit ! Mais alors assumez de subir vos instincts, vos pulsions, vos désirs et vos émotions ! Et surtout, attendez-vous à subir la pire des tyrannies : celle de l'urgence, cette véritable maladie du siècle. Tout le monde essaie de vous faire croire que tout est urgent : il est urgent de se précipiter au grand magasin pour profiter des soldes avant les autres, urgent d'acheter cette voiture ou cette maison, urgent d'aller voir tel spectacle, urgent d'aller dans tel pays exotique... Urgent de lire tel livre ou de suivre telle formation. Mais si tout est urgent, cela ne revient-il pas à dire que rien ne l'est ? Le manque d'organisation, c'est d'abord le manque de priorité... La plupart des gens qui agitent le chiffon rouge de l'urgence essaient de vous manipuler en jouant sur la peur, cette émotion archaïque...

Le manque de priorité

Vous connaissez probablement ce texte :
Un jour, un vieux professeur fut engagé pour donner une conférence sur la « Gestion efficace de son temps » à un groupe de dirigeants de grosses entreprises. Ce vieux professeur n'avait qu'une heure pour « passer sa matière ». Debout devant ce groupe d'élite, il les regarda un par

un, lentement, puis leur dit: « Nous allons réaliser une expérience... » De dessous la table, il sortit un grand pot en verre qu'il posa délicatement en face de lui. Ensuite, il sortit environ une douzaine de cailloux gros comme des balles de tennis et les plaça délicatement, un par un, dans le grand pot. Lorsque le pot fut rempli jusqu'au bord et qu'il fut impossible d'en ajouter un de plus, il leva les yeux vers ses élèves et leur demanda: « Est-ce que ce pot est plein ? » Tous répondirent: « Oui ! » – « Évidemment ! » Alors, il se pencha de nouveau et sortit de dessous la table un récipient rempli de gravier. Avec minutie, il versa le gravier sur les gros cailloux puis brassa légèrement le pot. Les morceaux de gravier s'infiltrèrent entre les cailloux... jusqu'au fond du pot. Il leva à nouveau les yeux vers son auditoire et redemanda: « Est-ce que ce pot est plein ? » Cette fois, ses brillants élèves commençaient à comprendre son manège. L'un d'eux répondit: « Probablement pas ! » – « Bien ! », répondit le vieux professeur. Il se pencha de nouveau et, cette fois, sortit de dessous la table un sac de sable. Avec attention, il versa le sable dans le pot. Le sable alla remplir les espaces entre les gros cailloux et le gravier. Encore une fois, il demanda: « Est-ce que ce pot est plein ? » Cette fois, sans hésiter et en chœur, les brillants élèves répondirent: « Non ! » – « Bien ! », répondit le vieux professeur. Et il prit le pichet d'eau qui était sur la table et remplit le pot jusqu'à ras bord. Il leva alors les yeux vers son groupe et demanda : « Quelle grande vérité montre cette expérience ? » Le plus audacieux des élèves, songeant au sujet de cette conférence, répondit : « Cela montre que, même lorsque l'on croit que notre agenda est complètement rempli, si on le veut vraiment, on peut y ajouter encore d'autres rendez-vous. » « Non, répondit doucement le vieux professeur, la grande vérité que montre cette expérience est la suivante : si on ne met pas les gros cailloux en premier dans le pot, on ne pourra jamais les faire entrer tous ensuite. » Il y eut un profond silence, chacun prenant conscience de l'évidence de ces propos. Le vieux professeur leur dit alors : « Quels sont les gros cailloux dans votre vie ? Votre santé ? Votre famille ? Vos amis ? Réaliser vos rêves ? Faire ce que vous aimez ? Apprendre ? Défendre une cause ? Vous relaxer ? Prendre le temps ?… Ou… toute autre chose ? » Puis, d'un geste amical de la main, il salua son auditoire et quitta lentement la salle. Que dire de plus ?

Le manque de moyens (matériels ou non)

« Celui qui veut agir trouve des moyens. Celui qui ne veut pas agir trouve des prétextes. » Le manque de moyens n'est en réalité qu'un manque de motivation... Vous avez autant de temps que les autres. Vous produisez sans cesse de l'énergie. Enfin, avec le temps et l'énergie, vous produisez de l'argent. Si vous n'avez pas assez de ces trois ressources, c'est que vous dépensez plus que vous n'avez...

C) Personnalité

Si vous lisez ce livre, c'est que vous êtes vraisemblablement assez lucide pour entrevoir que le (seul ?) véritable obstacle à la mise en action est votre personnalité. C'est vous et vous seul qui décidez de faire ou de reporter. C'est vous qui trouvez ou inventez toutes les raisons de faire ou de ne pas faire.

Bien sûr, vous pouvez penser que c'est la faute à vos parents (qui par définition ont toujours tort), à l'école (qui ne fait jamais son travail) et d'une façon plus générale à « la société », c'est-à-dire aux autres.

Examinons ensemble les traits de caractère qui vous handicapent dans ce domaine :

- ○ Le manque d'intégrité
- ○ Le manque de courage (lâcheté)
- ○ Le manque de sens de l'effort, de rigueur ou de discipline (paresse)
- ○ Le manque de liberté (dépendance, TOC…)
- ○ Le manque de capacité à décider
- ○ Le manque de capacité à refuser
- ○ Le manque de maturité

Le manque d'intégrité

Êtes-vous intègre ? Mais qu'est-ce que l'intégrité ? Ce mot recouvre deux types de significations :

- ○ **l'état d'une chose** entière, en bon état, saine et sans altération
- ○ **la qualité morale d'une personne** incorruptible, pure, honnête, impartiale, probe, sans vice et capable de respecter sa parole

C'est ce dernier sens qui nous intéresse : respectez-vous votre parole et vos engagements. Faites-vous ce que vous dites et dites-vous ce que vous faites ?

Si non, pourquoi ? Probablement parce que vous accordez plus d'importance à vos envies qu'à votre parole. « Oui, j'avais dit que je viendrais, mais je n'en ai plus envie, alors… »

Mais il existe une autre raison : vous n'avez pas compris l'intérêt, l'utilité, la nécessité de l'intégrité. Savez-vous ce que vous perdez en n'étant pas intègre ? Probablement pas, parce que ce n'est pas visible directement… Vous perdez votre crédibilité. Au premier manquement, vous perdez environ 50 % de crédibilité. La deuxième fois environ 30 % (il ne vous en reste plus que 20 %), etc. En clair, vous êtes perçu, à juste titre, comme un « charlot », une personne peu fiable ou peu digne de confiance.

Vous pouvez imaginer toutes les conséquences pour vous, qu'elles soient professionnelles – on ne vous recommande pas, on ne vous recrute pas, on ne vous promeut pas, on ne vous augmente pas, etc. – ou personnelles – on vous invite moins facilement, on vous aime moins facilement, on vous accorde moins facilement un crédit ou un logement (en location comme à la vente), etc. Pourquoi ? Parce que (tous) les êtres humains ont besoin de sécurité (dans des proportions variables) et recherchent la compagnie des personnes fiables et intègres. Les autres sont… mis de côté, considérés (à juste titre) comme des enfants… dangereux !

L'ignoriez-vous ? Vous êtes considéré comme quelqu'un de dangereux pour les autres (et peut-être aussi pour vous-même d'ailleurs). Parce que vous pénalisez, décevez, trompez, sabotez et détruisez le travail et la vie des autres… Vous leur faites perdre du temps, de l'énergie, de l'argent et… aussi leur crédibilité. Cela fait beaucoup, non ?

On ne vous prend pas (vraiment) au sérieux et votre vie n'avance pas, en particulier votre vie professionnelle : l'intégrité est le premier critère lorsque l'on envisage de promouvoir un employé à un poste de management ou d'expertise (autrement dit la plupart des postes intéressants). Je connais une amie qui n'a aucune intégrité, en particulier vis-à-vis de ses rendez-vous : report à répétition, oublis et annulation de dernière minute, mensonge et pseudo-justifications en tout genre. Résultat des courses : sa vie est un enfer… Elle est en conflit avec (tous) ses supérieurs, un certain nombre de ses collègues, mais aussi avec sa mère, certains de ses amis, et elle n'arrive jamais à faire durer une relation amoureuse.

Le manque de courage (lâcheté)

Si vous manquez de courage, c'est que vous êtes submergé par vos peurs, pas forcément toutes vos peurs, mais au moins certaines d'entre elles… Et vous culpabilisez probablement plus si vous êtes un homme construit sur l'injonction « Sois fort ! »

(voir les « Drivers » de l'Analyse transactionnelle). Mais la culpabilité n'arrange rien, au contraire, elle rajoute de l'émotion (négative) sur de l'émotion (négative) et vous laisse dans la confusion.

La question est donc de savoir de quoi vous avez peur ? Pour vous aider à gagner du temps, voici le résultat de mon travail sur les peurs (stages de développement personnel et thérapie ou coaching).

Les quatre peurs principales sont :

- La peur de mourir
- La peur de souffrir
- La peur d'être jugé
- La peur de manquer (d'argent, d'amour, de liberté)

Ces quatre peurs sont universelles, mais plus ou moins fortes en fonction du sexe, de l'âge, de la situation, de l'éducation, etc.

Les cinq types de peurs sont :

- **La peur pour soi** (peur de souffrir, de mourir, d'échouer, etc.)
- **La peur d'agresser l'autre** (peur de décevoir, de déranger, de blesser, etc.)
- **La peur pour l'autre** (peur qu'il meurt, qu'il souffre, qu'il échoue, etc.)

- ○ **La peur de l'autre** (peur d'être agressé, d'être jugé, d'être rejeté, d'être blessé par quelqu'un d'autre)
- ○ **Les phobies** (peur des serpents, des araignées et autres animaux, des espaces clos ou vides, des ascenseurs, de la foule, des armes, etc.)

Le manque de sens de l'effort, de rigueur ou de discipline (paresse)

Si vous n'avez pas le sens de l'effort, c'est que vous ne l'avez pas appris au sein de votre famille et/ou à l'école. Si vous avez été pris en charge trop et trop longtemps (syndrome Tanguy), vous profitez évidemment de la situation… Sauf que vous ne construisez rien et consumez votre capital confiance en vous. Imaginez que vos parents disparaissent ou les aides dont vous bénéficiez… Vous seriez obligé de vous remuez et d'agir, mais dans des conditions assez désagréables.

Mais il existe une autre raison, qui n'est pas contradictoire avec la première : c'est que vous n'êtes pas motivé. En effet, la paresse est presque une impossibilité biologique : l'être humain a des besoins qui se transforment naturellement en désirs, puis en décisions et enfin en actions et communication. Il n'y a rien à faire, sinon se laisser porter par la vie, se laisser traverser par ce courant d'énergie. La paresse est donc un « bug » dans ce processus.

Il est possible, par exemple, que vous ne sachiez pas ce que vous voulez ou que vous vouliez trop de choses en même temps (ce qui revient exactement au même). Reportez-vous (si vous ne l'avez déjà fait) au chapitre « Motivation », afin de clarifier vos désirs et de libérer l'énergie des besoins qui sommeille en vous sans pouvoir se déverser dans la décision puis l'action.

Savez-vous qu'il est plus facile d'agir que de rester sans rien faire. Si vous n'en êtes pas convaincu, demandez-vous combien de temps vous pouvez rester sans rien faire et combien de temps vous pouvez agir sans (vraiment) vous arrêter... Demandez-vous aussi pourquoi les prisonniers acceptent ou réclament presque tous un travail...

Le manque de liberté (dépendance, TOC...)

Vous êtes dépendant ? Rassurez-vous : tout le monde l'est... à des degrés divers, il est vrai. Car la dépendance n'est pas seulement vis-à-vis d'une « drogue » (légale ou non). C'est une attitude que l'on peut résumer ainsi :

○ Incapacité (réelle ou supposée) à se passer d'une chose, d'un produit, d'une activité, voire d'une personne
○ Illusion d'un « besoin » (artificiellement créé)
○ Sentiment de dépendance vis-à-vis de cette drogue, accompagné d'une perte du libre arbitre
○ Incapacité à se contrôler, à rester « soi-même », à se comporter « normalement »
○ Compulsion à agir ou à consommer
○ Souffrance en cas d'incapacité à satisfaire ce faux besoin
○ Soulagement et plaisir (momentané) après la consommation ou consomm'action

Découvrez (toutes) vos drogues…

Voici les drogues les plus courantes. Attribuez un chiffre entre 0 et 10 à chacune de ces drogues en fonction de votre degré de dépendance (0 = aucun)

Drogues officielles

____ Le tabac
____ L'alcool
____ Une drogue « douce » : haschich, marijuana, etc.
____ Une drogue de synthèse : LSD, ecstasy, etc.

____ Une drogue « dure » : cocaïne, morphine, héroïne, crack, etc.
____ Un médicament (anxiolytique, antidépresseur, etc.)
____ Autre : ....

Nourriture
____ La nourriture (boulimie)
____ Le sucre
____ Le café
____ Le chocolat (qui contient une endorphine)
____ Le cola
____ Autre : ....

Activités
____ Le shopping
____ Le sport (qui libère une endorphine)
____ Le sexe
____ Le travail
____ La télévision
____ Internet
____ Le jeu (d'argent ou non)
____ Les jeux vidéo
____ Le téléphone
____ La lecture
____ La musique
____ Le « chat »
____ Autre : ....

Relations/émotions

____ L'amour
____ La séduction (séduire ou être séduit)
____ Le coup de foudre
____ Le pouvoir
____ Avoir raison (drogue plutôt masculine)
____ Le stress
____ Le risque
____ La critique/opposition/rébellion
____ Parler (se raconter)
____ Les informations
____ Autre : ....

Le manque de capacité à décider

Vous avez du mal à décider ? C'est normal, vous êtes… un être humain ! Et vous n'êtes pas parfait. Pourtant, vous l'ignorez sans doute, vous décidez sans arrêt et sans même en avoir conscience (donc sans faire d'effort). Votre cerveau est en tout point comparable à un ordinateur, sauf sur un point : l'affectivité (les sentiments et les émotions). Or, l'étude de certains accidentés a montré que sans affectivité les décisions sont… impossibles. C'est donc l'affectivité qui colore, oriente, valorise et choisit. Un ordinateur ne peut donc qu'exécuter un programme, mais pas faire face à une situation inconnue.

Si votre centre de décision se bloque (et cela arrive à tout le monde !), c'est probablement votre affectivité qui en est la source. En fait, cette affectivité peut se déséquilibrer et donc vous desservir de deux façons : soit par défaut (affectivité bloquée ou inhibée), soit par excès (affectivité débordante). Le premier cas se rencontre le plus souvent chez les partisans du « front rationnel », bloqués émotionnellement, tandis que le second concerne davantage les hyperémotifs et autres romantiques...

Commencez par évaluer le nombre et le type de freins qui vous empêchent de décider sereinement.

Repérez vos freins à la décision

Une mauvaise connaissance de vous :

- ☐ Des désirs pas clairs ou contradictoires
- ☐ L'absence d'objectifs ou de priorités
- ☐ La difficulté à renoncer (vouloir le beurre, l'argent du beurre et la crémière...)
- ☐ Des valeurs pas claires ou contradictoires
- ☐ La confusion entre je veux/je dois/il faut
- ☐ La culpabilité (confusion moi/autrui)
- ☐ La peur (de se tromper, d'échouer...)
- ☐ L'image de soi (les rôles que l'on joue)
- ☐ Le perfectionnisme
- ☐ La toute-puissance infantile

Des croyances illusoires :

- ☐ « La bonne décision »
- ☐ « Le bon moment »
- ☐ « Je n'ai pas le choix »
- ☐ « Je peux tout avoir » (ou « Je peux éviter de renoncer à quelque chose »)
- ☐ « On m'empêche de décider »

Le manque de capacité à refuser

Vous ne savez pas dire NON ? Alors lisez à haute voix ce mot magique : NON ! Voilà, vous savez dire NON… Derrière la boutade, la vérité : en fait, vous n'osez pas dire NON et, plus profondément encore, vous ne voulez pas dire NON. Pourquoi ? Parce que vous avez peur de blesser, froisser, gêner votre interlocuteur. Et parce que vous avez peur d'entrer en conflit et de perdre quelque chose (amour, estime, approbation, acceptation, intégration au sein d'un groupe…). La solution ? Revoir vos besoins et les clarifier.

Il se peut également que votre manque d'assertivité masque plus profondément une mauvaise estime de vous et/ou un manque de confiance en vous… Dès lors, il est possible que vous vous sentiez obligé d'acheter les autres par votre « gentillesse » (mais de quelle sorte de gentillesse s'agit-il ?). Pourquoi croyez-vous devoir vous comporter de la sorte ? Parce que vous pensez que vous ne valez pas grand-chose et que vous devez donner quelque chose pour être estimé ou apprécié.

Toutes ces croyances négatives sur vous-même déterminent en grande partie vos émotions et vos comportements…

Le manque de maturité

C'est la synthèse de ce chapitre… Si vous manquez d'au moins trois de ces six points, vous êtes concerné…

- ☐ Le manque de courage (lâcheté)
- ☐ Le manque de sens de l'effort, de rigueur ou de discipline (paresse)
- ☐ Le manque d'intégrité
- ☐ Le manque de liberté (dépendance, TOC…)
- ☐ Le manque de capacité à décider
- ☐ Le manque de capacité à refuser

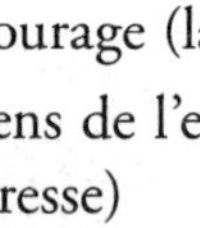

Comment arrêter de procrastiner ? 4

Voici les principales solutions à la procrastination :

A) Motivation

- ☐ Retrouvez votre motivation, votre enthousiasme
- ☐ Retrouvez votre énergie
- ☐ Retrouvez de l'intérêt ou du plaisir (ennui)
- ☐ Retrouvez du désir (dépression)
- ☐ Développez votre concentration ou attention

B) Organisation

- ☐ Organisez-vous
- ☐ Trouvez des moyens (matériels ou non)
- ☐ Retrouvez du temps
- ☐ Gérez votre temps

C) Personnalité

- ☐ Développez votre maturité
- ☐ Développez votre intégrité
- ☐ Développez votre courage

- ☐ Développez votre rigueur ou votre discipline (sens de l'effort ou du travail)
- ☐ Retrouvez votre liberté
- ☐ Apprenez à décider
- ☐ Apprenez à refuser et à vous désengager

Mais avant d'aller plus en avant, posez-vous une question : avez-vous vraiment envie de « guérir », de vous en sortir, de vous désintoxiquer ? Oui ? Alors rappelez-vous ce proverbe : « Celui qui veut agir trouve des moyens. Celui qui ne veut pas agir trouve des prétextes. »

Autrement dit, votre volonté d'évoluer est directement mesurable au nombre de moyens que vous allez prendre, choisir et mettre en œuvre. Si aucun moyen ne trouve grâce à vos yeux, c'est que vous n'avez pas vraiment envie de vous en sortir… et que vous attendez probablement que quelqu'un fasse le travail à votre place (un psy, un parent, un patron, voire un médecin). Les médecins nous ont donné une fâcheuse habitude, celle d'attendre passivement qu'ils nous guérissent sans avoir rien à faire d'autre que de consommer une pilule ou deux…

A) Motivation

Retrouvez votre motivation, votre enthousiasme

Réfléchissez un peu (ou beaucoup) : qu'est-ce qui fait que votre motivation a diminué ou disparu ?

- Qu'est-ce qui vous motivait qui ne vous motive plus ?
- Quels besoins cet objectif pouvait-il satisfaire ?
- Que s'est-il passé entre le début et maintenant ?
- Avez-vous obtenu (assez de) satisfaction ?
- Votre objectif était-il vraiment le vôtre ?
- N'était-il pas trop ambitieux pour vous (vos moyens étaient-ils trop faibles par rapport à lui) ?
- Un autre objectif est-il venu s'intercaler entre lui et vous ?

Retrouvez votre énergie

Si vous avez analysé les causes de votre épuisement, agissez spécifiquement sur chacune d'entre elles. Voici quelques idées de solutions :

1) Causes physiologiques

- Si vous manquez de récupération, de vacances, obligez-vous à en prendre…
- Si vous manquez de sommeil, récupérez-le (lisez des livres, consultez un spécialiste), faites la sieste.
- Si vous manquez d'énergie, apprenez à la gérer : diminuez vos dépenses, augmentez vos ressources.
- Si vous êtes en mauvaise santé, prenez soin de vous : consultez votre médecin ou un spécialiste.
- Si vous vous alimentez mal, changez d'alimentation : consultez un diététicien ou un naturopathe.
- Si vous avez trop de changement, stabilisez-vous.
- Si votre vie est déséquilibrée, rééquilibrez-la.

2) Causes psychologiques

- Si vous manquez de sécurité, de sérénité, travaillez vos peurs et votre assurance.
- Si vous manquez de communication, développez vos compétences en communication.
- Si vous avez trop de responsabilités, déléguez ou renoncez.
- Si vous prenez trop de risques, lâchez prise.
- Si vous avez trop de stress, apprenez à gérer votre stress (formation, lecture).

- Si vous vivez trop de conflits, apprenez à les gérer et fuyez dans les cas extrêmes (harcèlement).
- Si vous vivez des échecs (importants) à répétition, relativisez, tirez-en des leçons et apprenez à réussir.
- Si vous vivez chroniquement des émotions négatives, faites-vous aider (thérapie, coaching...).
- Si vous êtes insatisfait dans un domaine, faites le point, consultez un spécialiste (psychothérapie, emploi, finances...) et changez.
- Si vous ne respectez pas vos rythmes, prenez soin de vous.
- Si vous vivez des émotions négatives, apprenez à gérer vos émotions.
- Si vous hésitez chroniquement, apprenez à gérer vos hésitations, apprenez à décider.

Retrouvez de l'intérêt ou du plaisir (ennui)

Qu'est-ce qui vous ennuie dans les tâches que vous reportez indéfiniment ?

- Est-ce la monotonie ? La routine ? La difficulté ? L'effort ? L'échec ? Autre chose encore ?
- Comment pouvez-vous les rendre plus agréables, plus ludiques ?
- Pouvez-vous vous en débarrasser ?

- Que se passerait-il dans ce cas ?
- Pouvez-vous les abandonner ?
- Pouvez-vous les déléguer à quelqu'un ? À qui ?
- Pouvez-vous accomplir ces tâches autrement ?
- Pouvez-vous les accomplir avec quelqu'un ou même avec plusieurs personnes ?
- Pouvez-vous associer chacune de ces tâches à un objectif (ou plusieurs) ?
- Pouvez-vous associer chacune de ces tâches à un autre plaisir (ou plusieurs) ?

Si vous n'avez pas ou plus de plaisir, c'est que la chaîne du processus Besoin ▷ Désirs ▷ Décision ▷ Action est rompue. Restaurez-la ! Comment ? En vous posant les bonnes questions :

- Quels sont aujourd'hui vos besoins ?
- Quels sont vos désirs ?
- Que pouvez-vous faire pour les satisfaire ?
- Que voulez-vous faire pour les satisfaire ?
- Qui peut vous aider ?
- Qu'est-ce qui peut vous aider ?

Retrouvez du désir (dépression)

Vous connaissez les causes, mais cela ne supprime pas la dépression pour autant (ce serait trop simple !). Que pouvez-vous faire ? Commencez par prendre vos distances avec les médicaments (antidépresseurs) : un médecin a montré récemment que ces antidépresseurs n'agissaient pas plus qu'un placebo (30 % d'efficacité), sauf que ce dernier n'a pas d'effets secondaires et ne crée pas d'accoutumance. Ils peuvent éventuellement vous soulager momentanément… mais ne règlent rien, tout en vous rendant dépendant.

Ensuite, réagissez en fonction de la cause : si vous êtes épuisé, dites-vous que la dépression est sans doute le dernier recours que la vie a inventé pour vous protéger de vous-même, voire pour vous sauver… Cela vous surprend ? Pourtant nombre de dépressifs sont des hyperactifs qui ne s'arrêtent jamais, qui ne peuvent pas ou ne veulent pas s'arrêter… au risque de mourir. Pour information, le Japon recense environ 10 000 karoshis (morts par excès de travail) par an…

Si les causes sont plutôt psychologiques, consultez un psychothérapeute (un vrai). Qu'est-ce qu'un psychothérapeute ? C'est un professionnel qui reçoit dans son cabinet des gens (normaux) qui souffrent. Un « vrai » psychothérapeute est quelqu'un qui a suivi une formation de psychothérapeute (mille heures ou plus), qui a suivi une psychothérapie pendant au moins trois ans et qui est supervisé par un autre psychothérapeute. Ces conditions correspondent au standard européen de la profession… qui n'est malheureusement pas (encore) reconnu en France.

Dans ce pays, un décret a réservé ce métier à des catégories qui n'en ont pas les compétences : les psychiatres (qui ne sont que des médecins spécialisés en maladies mentales), les psychologues (des universitaires Bac plus cinq) et les psychanalystes (qui ne se réclament plus psychothérapeutes). Ce qui complique encore les choses, c'est que l'on peut cumuler ces étiquettes…

La solution ? vérifier et demander au psy que vous rencontrez s'il correspond bien au standard européen… Et puis (surtout), demandez-vous si vous avez confiance en lui (attention aux séducteurs tout de même !) et si les séances vous font du bien ? Si ce n'est pas le cas, arrêtez et changez-en ! Méfiez-vous des titres ronflants et des meubles luxueux, et même des réputations : un psy peut être bon pour l'un et mauvais pour l'autre…

Dans tous les cas, évitez les psychanalystes : non seulement ils ne guérissent personne, mais ils ont une fâcheuse tendance à « faire durer le plaisir » (durée moyenne d'une psychanalyse en France : huit ans !!!). Essayez les thérapies brèves comme l'hypnose, en particulier l'hypnose éricksonienne qui agit souvent en quelques séances… Non, il ne s'agit pas d'un mythe et, contrairement à ce qu'en disent ses détracteurs (les psychanalystes), le résultat « tient » : on n'a pas seulement

« supprimé le symptôme ». L'auteur de cet ouvrage en sait quelque chose, puisqu'il lui a suffi d'une séance pour arrêter la chute et se retrouver dans une sorte de neutralité. Une deuxième séance a relancé le processus de reconquête... Deux séances pour en finir avec une dépression grave : qui dit mieux ?

Développez votre concentration ou votre attention

Comment pouvez-vous faire pour la retrouver ou tout simplement pour développer cette concentration ? Il existe de nombreux moyens ou exercices, mais le plus simple est celui de la bougie.

Installez-vous en tailleur dans la pénombre et contemplez une bougie. C'est tout... ou presque. L'exercice consiste en réalité à rester concentré sur la bougie le plus longtemps possible. Inévitablement, votre mental va « décrocher » et vagabonder. Revenez à la bougie. Au début, votre concentration sera limitée, mais si vous persistez, si vous faites cet exercice régulièrement, voire quotidiennement, elle devrait augmenter assez vite...

La lecture est un autre moyen efficace, mais plus lent. Si vous avez du mal à lire, commencez par le plus facile : des BD ou des articles de magazines. Puis passez aux nouvelles (des histoires courtes) et aux dossiers. Enfin, terminez par des romans et des essais. Le secret pour y arriver : choisissez des thèmes ou des types de livres qui vous passionnent ou du moins vous intéressent.

Si vous êtes perturbé par vos émotions, « prenez le taureau par les cornes » et travaillez vos émotions. Comment ? Le plus efficace est évidemment de suivre une thérapie avec un (vrai) thérapeute. Privilégiez une thérapie émotionnelle comme la Gestalt. Si vous n'en avez pas les moyens, faites un stage de développement personnel sur ce thème. Assistez à toutes les conférences relatives au sujet. Lisez tous les articles et les livres. Enfin, interrogez vos proches, du moins ceux qui semblent équilibrés.

Si vous avez ou venez d'avoir une vie mouvementée avec de nombreux changements, stabilisez-la au plus vite. Vous ne pouvez rien faire de grand dans l'instabilité et l'insécurité...

Si vous êtes fatigué, reportez-vous au chapitre concerné et faites le nécessaire pour retrouver un niveau d'énergie correct.

Si vous n'avez pas pris l'habitude d'être concentré, prenez-la... maintenant ! Saisissez toutes les occasions pour vous concentrer, vous habituer, vous entraîner. Faites-en un jeu.

B) Organisation

Organisez-vous

Comment travaillez-vous ? Difficile de répondre à cette question floue et personnelle, d'autant plus que vous ne vous voyez pas travailler... Demandez donc à vos collègues et à vos supérieurs hiérarchiques (directs ou non) comment ils vous perçoivent. Vous serez certainement surpris et enrichi par ces « feed-back » (plus de conscience).

Ne discutez pas et ne vous justifiez pas, écoutez et éventuellement écrivez ces avis (pour ne rien oublier). Si vous avez des relations franches et sincères, demandez aussi et écoutez des conseils pour améliorer votre organisation. L'expérience montre que généralement nous travaillons à la fois d'instinct (sans méthode) et comme nos (premiers) patrons que nous modélisons et recopions (en partie).

N'essayez pas de tout changer en une seule fois, sauf si vous êtes en crise ou prêt à faire de gros efforts. Changez une chose (la plus importante ?) à la fois et évaluez le résultat, c'est-à-dire le gain d'efficacité et de plaisir (par exemple la fierté d'avoir progressé, l'admiration des collègues, la sérénité...). C'est ce résultat (positif) qui va vous redonner envie de continuer votre réorganisation.

Trouvez des moyens (matériels ou non)

Quels sont les outils dont vous disposez ? Avez-vous une montre, un agenda (papier ou électronique), une pendulette, autre chose ? Cette question peut paraître triviale, mais un certain nombre de problèmes peuvent être résolus de façon simple et concrète en acquérant ou en changeant votre matériel. Le but n'est pas forcément de faire comme les autres (attention aux vendeurs de technologies !), mais de trouver ou de créer l'organisation adaptée à vos contraintes. Ce qui ne vous interdit pas de vous inspirer des solutions trouvées par vos collègues.

- Avez-vous remarqué que la plupart des conférenciers, orateurs, formateurs, professeurs ne respectent pas le timing annoncé (parfois imposé) ? Comment est-ce possible, puisque c'est leur métier ? La réponse tient en deux points : quand on parle, on perd le sens du temps et la plupart des orateurs n'ont pas de pendulette sous les yeux…

- Avez-vous remarqué que la plupart des gens arrivent en retard à un rendez-vous et même à une réunion ? En France, le retard moyen est de quinze minutes et ne semble pas évoluer… Pourtant, nous disposons aujourd'hui de tous les outils possibles pour évaluer le temps d'un trajet : GPS, sites de transport (Mapy, train, métro, etc.) ou simplement afficher et imprimer un plan du quartier... Sans parler de l'iPhone qui fait tout (sauf le café !). Encore faut-il les utiliser !

○ Avez-vous remarqué que c'est souvent au moment où vous avez besoin d'un document que vous ne le trouvez pas ou plus (mais vous le retrouvez le lendemain « par hasard ») ? Comment classez-vous vos documents ? Ce classement est-il simple ? Est-il mis à jour, lors d'un « nettoyage de printemps » ou plutôt d'été, en période creuse ?

Le principe d'un bon classement est justement très simple, c'est le principe de l'unité. Un (seul) endroit pour un type d'objet ou d'informations : toutes les factures dans un seul et même tiroir (ou dossier ou meuble), tous les courriers à traiter dans une seule bannette, tous les dossiers clients dans une seule armoire, etc.

Retrouvez du temps

Commençons par LA mauvaise nouvelle : la journée compte vingt-quatre heures et vous n'en aurez pas plus... Il vous faut donc cesser de chercher à en avoir plus (que les autres). La bonne nouvelle, c'est qu'il y a deux temps : le temps linéaire (celui des horloges) et le temps psychologique (celui que l'on vit et que l'on trouve rapide ou lent). Si vous ne pouvez pas modifier le temps linéaire, vous pouvez en revanche modifier votre perception du temps psychologique, d'ailleurs, vous le faites en permanence, sans même en avoir conscience. C'est justement là que le bât blesse : votre intérêt est de reprendre conscience pour reprendre le pouvoir sur le temps…

Puisque vous ne pouvez pas augmenter la quantité de temps à votre disposition, il ne vous reste plus qu'à jouer sur la façon de l'utiliser. Autrement dit, vous pouvez diminuer les tâches qui vous incombaient jusque-là et choisir celles que vous voulez conserver.

Gagnez du temps

Allez plus vite

C'est évidemment le réflexe de tous les gens pressés. Mais cette technique a son prix : le stress, la fatigue, voire le surmenage à la clé, sans oublier l'augmentation du risque d'erreurs ou de fautes. « Hâte-toi lentement ! » dit un proverbe asiatique.

Décidez plus rapidement (et plus facilement)
C'est une technique intéressante, parce qu'elle recèle le plus de potentiel : personne ne vous a probablement appris à décider et vous perdez un temps précieux à ruminer, ergoter, tergiverser, revenir en arrière, annuler une décision pour la reprendre ensuite… Si vous avez du mal à décider, lisez et relisez le chapitre sur la décision et formez-vous à la prise de décision (lecture, conférence, stage, etc.).

Diminuez votre temps de transport
Après le temps de travail ou d'étude, c'est le transport qui représente le second poste de temps. Il est donc judicieux de se poser la question suivante : combien de temps consacrez-vous ou perdez-vous dans les transports ? La moyenne journalière d'un Francilien (habitant de l'Île-de-France) est d'environ une heure quarante-cinq par jour (aller et retour). Savez-vous ce que cela représente sur une année ? 1 h 45 × 20 × 11 = 385 heures, soit 55 jours… Et il paraît que ce temps s'allonge de deux minutes chaque année… Vous comprenez maintenant pourquoi les « Parisiens » sont si agressifs…

Évidemment, il est utopique de vouloir supprimer ce temps, mais il est néanmoins possible de songer à le réduire. Imaginez que vous puissiez gagner cinq minutes par jour, vous gagnez alors $5 \times 20 \times 11 = 18{,}33$ heures, soit 2,6 jours. Pour dix minutes par jour, vous gagnez 5,2 jours (une semaine). Pour vingt minutes, vous gagnez 10,4 jours (deux bonnes semaines). Et ainsi de suite… En d'autres termes, en matière de gestion du temps, comme partout ailleurs, « les petits ruisseaux font les grandes rivières… ».

Supprimez tout ce qui n'est pas indispensable
Réfléchissez un peu : qu'est-ce qui vous prend du temps ? Les courses ? Vous pouvez vous faire livrer (vous économiserez aussi la fatigue…). Est-ce le repassage ? Vous pouvez le confier à un pressing ou à un autre professionnel. Le ménage ? Prenez une femme de ménage. La cuisine ? Déléguez à un autre membre de votre famille, allez plus souvent au restaurant ou encore optez pour les plateaux télé (de temps en temps). D'une manière générale, redéfinissez les règles du jeu familial (qui fait quoi ?) et déléguez, partagez ou supprimer tout ce qui vous prend beaucoup de temps et vous apporte peu de satisfaction… Évidemment, tout cela a un coût, en argent (parfois), mais le plus souvent en « plaisir » (par exemple votre conjoint ne repasse pas aussi bien que vous !).

Gérez votre temps

Définissez des priorités

Une priorité est ce qui passe avant le reste. Pourquoi ? Parce que c'est plus important que le reste et non pas plus urgent. L'urgence est le piège de la gestion du temps, le mauvais critère, celui qui doit être utilisé en deuxième et non pas en premier. Comme Winston Churchill, classez vos activités dans les quatre rubriques du tableau en fonction de ces deux critères :

	Urgent	Pas urgent
Important	1	2
Pas important	3	jamais

Renoncez

Oui, renoncez à tout vouloir faire vous-même, renoncez à tout contrôler, renoncez à la perfection, qui n'est pas de ce monde. Renoncez seulement à ces projets qui vous dépassent et vous détruisent. Renoncez à vouloir prouver quoi que ce soit : cela relève de l'ego. Cette solution est une des plus simples, puisqu'il n'y a rien à faire, sinon arrêter de faire quelque chose... Mais elle n'est probablement pas facile, sinon vous l'auriez déjà trouvée, utilisée. La difficulté, c'est de lâcher prise sur vos exigences exagérées et disproportionnées pour vos moyens réels (temps, énergie...). Que faire alors ? Vous faire aider, consulter un thérapeute.

Refusez

Ici, il s'agit de dire NON ! à quelqu'un d'autre. Qu'est-ce qui vous empêche de dire NON ? Vous avez probablement une difficulté à vous affirmer (assertivité) et à vous faire respecter. Vous avez probablement des besoins relationnels (être aimé, appartenir...) forts et inconscients. Enfin, vous êtes certainement dominé par la culpabilité, cette drogue émotionnelle. Vous ne le saviez pas : la culpabilité est une drogue, celle des « impuissants »... Car quel est le bénéfice de la culpabilité ? C'est de vous redonner de l'importance (vous vous imaginez responsable du malheur des autres).

Reportez

Le temps est une « matière » invisible difficile, voire impossible, à évaluer. Il est donc possible (c'est fréquent) que vous ayez sous-évalué le temps nécessaire à une action ou à un projet. Il n'y a aucun mal à le reconnaître et à en tirer la conséquence : reporter, redéfinir un nouveau délai.

La difficulté vient encore une fois de l'ego : « Je ne peux pas me déjuger devant mes proches ou collaborateurs ! » Et pourquoi pas ? « Que va penser untel ? » Quelle importance ? « Ce serait un aveu d'échec ! » Non, juste une erreur d'évaluation ! « Ce serait terrible ! » Ah bon ? Vraiment ? Vous pouvez comprendre qu'il y a là beaucoup de dramatisation.

Arrêtez tout ce cinéma et pensez plutôt aux intérêts des personnes concernées, à commencer par vous-même. Et rappelez-vous que celui qui s'abaisse (reconnaît ses erreurs) se grandit aux yeux des autres.

Autres solutions

Vous n'êtes pas obligé de porter éternellement seul votre fardeau. Vous pouvez donc :

- Renégocier tout ce qui l'a été : rien n'est éternel ! Un accord n'est valable qu'aussi longtemps que les deux parties le maintiennent.
- Déléguer à d'autres qui peuvent faire aussi bien ou même mieux que vous… pour peu que vous les formiez et leur laissiez un peu de temps…
- Externaliser ou sous-traiter, c'est-à-dire confier à des prestataires extérieurs ce que vous faites habituellement seul : ménage, aide scolaire, cuisine, transport, etc. Vous pouvez tout sous-traiter…

C) Personnalité

Développez votre maturité

Êtes-vous mûr ? Vous seul pouvez répondre… Mais qu'est-ce que la maturité ? C'est à la fois un état de complétude et de développement ultime de toutes les forces et qualités… Il désigne aussi un âge légal (18 ans en France et dans de nombreux pays). D'un point de vue légal, tous les adultes sont considérés comme étant « mûrs » mais, d'un point de vue psychologique, qui peut prétendre à un tel niveau ?

Cette dualité (double définition) est la source de tous les maux : en principe, nous sommes adultes et censés être « mûrs », mais en pratique qui n'est pas un peu enfant ou infantile dans tel ou tel domaine ?

Nous avons donc tous des zones d'immaturité et, par conséquent, des progrès à faire. La bonne nouvelle, c'est que la vie nous fait évoluer ; les évènements nous poussent, nous tirent ou nous forcent à grandir… C'est le sens de l'accord toltèque : « Fais de tes problèmes des occasions de progresser ! » (voir *Les Fabuleux Pouvoirs des accords toltèques*).

Développez votre maturité implique de développer votre courage (lâcheté), votre sens de l'effort, de la rigueur ou de la discipline (paresse), votre intégrité, votre liberté (indépendance, TOC...), votre capacité à décider, à refuser et à vous désengager... vaste programme !

Développez votre intégrité

Comme toujours, il ne suffit pas de le vouloir pour le réaliser. Pourquoi ? Parce qu'il y a des freins en vous qui vous en empêchent et qui sabotent vos meilleures résolutions. Il vous faut donc identifier et diminuer, voire supprimer, ces freins. Parallèlement, vous pouvez et devez renforcer les énergies qui vous aident, en premier lieu : votre motivation. Posez-vous donc les questions suivantes à chaque fois que vous procrastinez :

- À quoi accordez-vous plus d'importance, à vos envies ou à votre parole ? Agissez-vous pour avoir du plaisir ou parce que vous vous y êtes engagé ?
- Avez-vous compris la nécessité de l'intégrité ?
- Connaissez-vous le prix du manque d'intégrité ?
- Voulez-vous vraiment perdre votre **crédibilité** ?
- Voulez-vous vraiment être perçu comme une personne peu fiable ou peu digne de confiance ?
- Voulez-vous vraiment saboter votre vie professionnelle ?

- ○ En particulier, voulez-vous vraiment renoncer à une augmentation, à une promotion, à une embauche ?
- ○ Voulez-vous vraiment saboter votre vie personnelle ?
- ○ En particulier, voulez-vous vraiment être moins invité, moins apprécié, moins aimé ?
- ○ Voulez-vous vraiment « galérer » pour obtenir un crédit ou un logement (en location ou à l'achat) ?
- ○ Voulez-vous vraiment être écarté, considéré (à juste titre) comme un enfant… dangereux !
- ○ Voulez-vous vraiment pénaliser, décevoir, tromper, saboter et détruire le travail et la vie des autres ? Y compris et surtout celle de vos proches ?
- ○ Voulez-vous vraiment leur faire perdre du temps, de l'énergie, de l'argent et aussi… leur crédibilité.
- ○ Voulez-vous enfin être pris au sérieux ou non ?

Développez votre courage (lâcheté)

Si vous manquez de courage, c'est que vous avez (trop) peur de certaines choses, personnes ou actions… Lesquelles ? Faites l'exercice suivant :

- Commencez par lister (par écrit) tout ce et tous ceux qui vous effraient.
- Quand votre liste semble complète, laissez passer une journée ou deux et relisez-la. Complétez encore jusqu'à ce que vous ayez l'impression d'« avoir fait le tour ».
- Reprenez-la plus tard et relisez-la avec un œil neuf… Que ressentez-vous ? De la surprise ? De la tristesse ? Rien ? Que constatez-vous ? Avez-vous beaucoup de peurs ?
- Si ce n'est pas le cas, vous êtes peut-être plutôt anxieux ou angoissé : cela signifie que vous avez peur… sans vraiment savoir de quoi (« l'inconnu, l'invisible, l'avenir… »). Dans ce cas, consultez un (vrai) psychothérapeute pour (éventuellement) retrouver vos peurs d'enfant non exprimées et (surtout) pour les exprimer/extérioriser/transformer.
- Si c'est le cas, analysez vos peurs et regroupez-les en catégories : personnes, animaux, éléments, situations, actes, souffrances, etc. Éventuellement, hiérarchisez-les. Puis, tranquillement, demandez-vous, pour chacune

d'entre elles, de quoi vous avez peur à travers elles ? Souvent, cet exercice « dégonfle » la plupart des peurs…

Attaquez-vous à vos peurs en fonction de leur degré et de leur catégorie.

Démantelez les quatre peurs principales (et naturelles) avec une approche spirituelle :

- **La peur de mourir :** intéressez-vous à l'après-vie, discutez-en avec des gens qui en sont revenus et lisez les témoignages (*La Source noire* de Patrice van Eersel, *Nous sommes immortels* de Patrick Drouot, etc.). Intéressez-vous à la réincarnation.

- **La peur de souffrir :** rappelez-vous vos souffrances passées (dentiste, accident, manque, etc.). Était-ce si terrible que cela ?

- **La peur d'être jugé :** c'est la conséquence de votre attachement maladif à une image parfaite (l'ego). Travaillez sur votre ego, apprenez à accepter la critique, dédramatisez, recentrez-vous sur votre propre jugement et celui de ceux qui vous aiment vraiment.

- **La peur de manquer** (d'argent, d'amour, de liberté) : c'est une peur naturelle et viscérale qui se focalise sur tel ou tel domaine. Examinez alors les situations correspondantes : quand vous avez manqué d'argent, de nourriture, de liberté ou d'amour, que s'est-il passé ? Probablement pas grand-chose ! Vous êtes toujours en vie et même si cette expérience vous a fragilisé, elle vous a rendu également plus fort : « Ce qui ne me tue pas me rend plus fort » (Nietzsche).

Démantelez les cinq types de peurs en fonction de leur catégorie :

- ○ **La peur pour soi** (peur de souffrir, de mourir, d'échouer, etc.) est la seule catégorie de vraies peurs. Elles contiennent les quatre peurs vues précédemment. Affrontez-les et confrontez-les avec une approche réaliste et progressive. Les TCC (thérapies comportementales et cognitives) sont très efficaces sur elles.

- ○ **La peur d'agresser l'autre** (peur de décevoir, de déranger, de blesser, etc.) abrite une autre émotion : la culpabilité, qui est à la fois une drogue, un poison et une escroquerie. Vous vous appropriez la responsabilité du bonheur ou du malheur des autres… Pourquoi ? Pour vous valoriser, pour vous donner de l'importance. C'est de l'égocentrisme déguisé. Débarrassez-vous de cette vilaine manie avec les questions suivantes :
  - – Avez-vous réellement fait du tort à quelqu'un ?

– Étiez-vous réellement responsable de la personne et de la situation incriminée ?
– Étiez-vous réellement au courant du risque ?
– Pouviez-vous empêcher le tort de se produire ?

○ **La peur pour l'autre** (peur qu'il meurt, qu'il souffre, qu'il échoue, etc.) est également une escroquerie : pensez-vous réellement que les autres soient si fragiles qu'ils aient besoin de vous, de vos conseils ou de votre protection ? N'est-ce pas plutôt une façon de vous valoriser et/ou de projeter vos peurs sur les autres ?

○ **La peur de l'autre** (peur d'être agressé, d'être jugé, d'être rejeté, d'être blessé par quelqu'un d'autre) est une autre forme de manipulation : à quoi jouez-vous sinon à la victime ? Et dans quel but sinon d'attirer sur vous l'attention, la pitié et peut-être la sympathie, voire l'amour ? Arrêtez de vous apitoyer sur votre sort et de pleurnicher ! Relevez-vous et battez-vous !

○ **Les phobies** (peur des serpents, des araignées et autres animaux, des espaces clos ou vides, des ascenseurs, de la foule, des armes, etc.) ne sont pas à proprement parler des peurs. Ce sont en réalité des mélanges d'émotions diverses (aversions par exemple). D'après les psychanalystes, ce sont des « déplacements » d'autres choses (choc émotionnel, complexe, conflit...). Ainsi, la peur des araignées serait une façon de fixer le choc provoqué dans l'enfance en voyant ses parents faire l'amour. Utilisez l'hypnose éricksonienne pour vous en débarrasser définitivement.

Développez votre rigueur ou votre discipline (sens de l'effort ou du travail)

Vous n'aimez pas l'effort, le travail, et vous préférez le plaisir, les loisirs et la fête ? Cela n'a rien d'anormal et concerne tous les... enfants ! J'ai été moi-même assez longtemps paresseux, du moins je le croyais... Quand j'ai découvert, enfant, la réalité du travail, j'ai même décidé de ne jamais travailler. Mais, aujourd'hui, je travaille entre cinquante et quatre-vingts heures par semaine... Trouvez l'erreur ! Qu'est-ce qui a changé ? Rien ou presque : j'ai simplement trouvé ma voie. Autrement dit on est paresseux tant qu'on n'est pas motivé. Si c'est votre cas, reportez-vous au chapitre concernant la motivation.

Mais il existe un autre cas de figure : vous n'avez pas assez d'énergie. Dans ce cas, reportez-vous au chapitre concernant la gestion de votre énergie.

Retrouvez votre liberté

Voulez-vous rester dépendant ? Probablement pas, sinon, vous ne liriez pas ce livre... Et pourtant ! Vous l'êtes encore... ce qui sous-entend que, jusqu'à présent, vous n'avez pas fait grand-chose pour en sortir... ou du moins pas assez. Commencez par reconnaître que la dépendance, avec son cortège de plaisir et de souffrance, vous convient, ou du moins vous arrange... Pour quelles raisons ? C'est à vous de le découvrir !

- Peut-être avez-vous « besoin » de vous sentir « vivant », donc de ressentir des sensations et des émotions... quelles qu'elles soient !
- Peut-être cherchez-vous à rester enfant, à fuir la (dure) réalité ?
- Peut-être cherchez-vous à faire payer quelque chose à quelqu'un (un parent, par exemple)
  - Incapacité (réelle ou supposée) à se passer d'une chose, d'un produit, d'une activité, voire d'une personne
  - Illusion d'un « besoin » (artificiellement créé)
  - Sentiment de dépendance vis-à-vis de cette drogue, accompagné d'une perte du libre arbitre
  - Incapacité à se contrôler, à rester « soi-même », à se comporter « normalement »

- Compulsion à agir ou à consommer
- Souffrance en cas d'incapacité à satisfaire ce faux besoin
- Soulagement et plaisir (momentané) après la consommation ou consomm'action

Apprenez à décider

Posez-vous les « bonnes » questions :

Avant de décider

- ○ Qui doit décider ? (est-ce vraiment vous ?)
- ○ Quand devez-vous décider (quel est le délai) ?
- ○ Quel degré de décision voulez-vous assumer ?
- ○ Qui peut vous aider à décider ?

Au moment de décider

- ○ Quels sont vos besoins, désirs ou objectifs ?
- ○ Quelles sont vos priorités ou vos valeurs (de vie et du domaine concerné) ?
- ○ À quoi êtes-vous prêt à renoncer pour obtenir ce que vous voulez ?
- ○ Quelle est votre stratégie (essayer de gagner ou éviter de perdre) ?
- ○ Quels sont les risques, enjeux et contraintes ?
- ○ Décidez-vous sous la pression d'un désir, d'une peur ou d'une contrainte ?

Après avoir décidé

- ○ Cette décision est-elle cohérente avec les autres ?
- ○ Cette décision est-elle réaliste, c'est-à-dire applicable ?
- ○ Cette décision est-elle complète pour vous (plaisir, émotion et intérêt) ?
- ○ Êtes-vous prêt à assumer cette décision ?
- ○ Quand allez-vous communiquer cette décision ?
- ○ Quand allez-vous appliquer cette décision ?

Apprenez à refuser

Qu'est-ce qui vous empêche de refuser, de dire NON, de vous affirmer ? C'est vous, évidemment, ou plus exactement quelque chose en vous ? Quoi ? Un ou plusieurs besoins… Retournez voir la liste de vos besoins dominants. Il est probable que vos besoins dominants soient la communication (qui inclut le besoin d'être aimé) et l'appartenance (qui inclut le besoin d'être approuvé/accepté). Or, ces deux besoins (d'être aimé et d'être approuvé) vous incitent à faire d'abord plaisir aux autres pour ne pas donner une mauvaise image de vous et pour éviter d'être rejeté et moins aimé… Si aucun de ces deux besoins n'est vraiment dominant, regardez alors le besoin de sécurité et le besoin de reconnaissance. Ces deux-là peuvent avoir le même effet sur vous (nier vos désirs et satisfaire ceux des autres en premier), quoique indirectement.

Si le besoin de sécurité domine, demandez-vous alors ce que vous craignez ? Que le ciel vous tombe sur la tête ? Si c'est le besoin de reconnaissance qui domine, demandez-vous alors ce qui se passerait si vous n'étiez pas reconnu autant que vous le souhaitez ? Dans les deux cas, vous devriez vous apercevoir que vos craintes sont injustifiées et infondées et qu'il ne se passerait… rien ou quasiment rien ! De plus, vous serez infiniment plus respecté si vous vous affirmez clairement, car on ne respecte pas les « faibles », en particulier les lâches ou les gens peu intègres…

Apprenez à vous désengager

Vous vous êtes engagé à faire quelque chose et vous ne l'avez pas fait (à l'heure annoncée) ou vous savez que vous ne le ferez pas (par exemple parce que vous êtes débordé). Quelle est la meilleure solution ? La meilleure attitude ? Pour le savoir, mettez-vous à la place de l'autre et demandez-vous quel est son intérêt ? Généralement, les réponses sont assez évidentes (exemple) :

Votre interlocuteur préfère être informé aussi vite que possible de votre non-respect du délai ou du travail… afin de pouvoir réagir aussitôt. Informez-le aussi vite et aussi clairement que possible…

Ne vous justifiez pas, sauf si votre interlocuteur vous le demande : il n'a pas forcément envie d'entendre vos justifications, qui donnent souvent une impression d'être pris pour un imbécile…

Au contraire, reconnaissez votre erreur et vos torts, tous vos torts. Cette attitude a souvent pour conséquence de stopper la critique et les reproches, voire même d'inciter votre interlocuteur à adopter la position inverse… de dédramatiser.

Préparez et proposez des solutions de recours, par exemple quelqu'un qui pourrait vous remplacer sur ce dossier. N'oubliez pas le proverbe : « Si tu viens me soumettre un problème, prépare tes solutions ! Car si tu n'as pas de solutions, c'est que tu fais partie du problème… »

Préparez l'avenir : proposez quelque chose pour que ce problème ne se reproduise plus (jamais) : changement d'organisation, des responsabilités…

Ainsi, vous montrez que malgré votre défaillance vous vous souciez réellement de votre interlocuteur et restez un partenaire crédible (en partie).

Conclusion

La procrastination n'est pas une maladie « mentale », mais une « maladie » de l'action. C'est une maladie parfaitement guérissable... à condition d'en avoir vraiment envie ! Mais n'en est-il pas de même pour tout changement ? En effet, tout changement requiert ou implique la capacité à se remettre en question et la volonté de lutter contre ses propres tendances, ses propres envies, ses propres idées ou croyances... Autrement dit, tout changement implique un deuil, une perte.

Quel deuil implique donc la procrastination ? Celui d'une croyance, une croyance infantile que vous pouvez vous y mettre quand vous le voulez (l'inverse des dépendants alcoolique, nicotinique ou autre qui s'imaginent qu'ils peuvent arrêter quand ils veulent). C'est parce que vous entretenez cette illusion que vous ne pouvez pas vous y mettre... C'est parce que vous croyez avoir le temps que vous oblitérez le seul temps qui existe : le présent.

La procrastination est une drogue à l'envers : le dépendant ne peut pas s'empêcher de faire et/

ou de consommer quelque chose, tandis que le procrastinateur ne peut pas faire ou commencer quelque chose. Mais est-ce si différent ? La procrastination n'est-elle pas une drogue un peu spéciale, une drogue de l'inertie. C'est aussi une émanation de l'ego : vous cherchez à protéger votre image et vous mentez (à vous et aux autres) en refusant de reconnaître la réalité, la vôtre : votre impuissance… à agir.

La vérité, c'est que vous n'êtes pas capable de vous autodiscipliner, de vous automotiver ou de vous automanager. Il ne vous manque pas forcément grand-chose, mais il vous manque quelque chose : une impulsion, une énergie, une force (intérieure) pour vaincre la paresse, la facilité ou l'inertie…

Admettre cela est difficile pour notre ego (notre image), mais c'est indispensable pour en sortir. Comme l'ont bien compris les Alcooliques anonymes, la première chose à faire est de reconnaître sa situation, son état. Ensuite, et ensuite seulement, vous pouvez vous faire aider, mais pas avant…

Pourquoi avez-vous du mal à reconnaître cet état de fait ? Parce qu'il met à mal votre image, parce qu'il touche et « attaque » votre ego. En fait, il met à mal votre toute-puissance infantile, cette illusion de toute-puissance et cette absence de limite (si je le voulais, je le pourrais !).

La vérité est que vous êtes un être humain limité et faillible… ce qui fait d'ailleurs toute votre grandeur : vous tombez, mais vous pouvez vous relever, vous vous trompez, mais vous pouvez reconnaître votre erreur et finir par réussir. Vous avez des failles, mais vous pouvez les corriger. Vous avez des limites, mais vous pouvez les repousser. Vous êtes fini (le contraire d'infini), mais vous pouvez tendre vers l'infini…

Certains empereurs romains avaient pour devise : *« Ad augusta, per angust »*, ce qui signifie : vers les sommets, par la petite porte. La vie est paradoxale, l'être humain aussi et les problèmes humains (comme la procrastination) le sont également. C'est pourquoi les solutions le sont aussi, souvent. Pour débloquer une situation, il faut commencer par l'accepter… Ce qui n'est pas vraiment dans la mentalité occidentale : quand quelque chose ne nous plaît pas, nous avons plutôt envie de le supprimer, de l'éradiquer, de le faire disparaître. Malheureusement, comme le dit Neale Walsch *(Conversations avec Dieu)* : « Ce à quoi tu résistes, persiste. »

Pour dépasser la procrastination, il faut donc commencer par l'accepter et travailler avec elle et non contre elle. Dès que vous avez accepté votre état et découvert les causes réelles (différentes pour chaque personne et chaque situation), vous pouvez travailler… Travailler en psychothérapie signifie plutôt défaire que faire, défaire des croyances (erronées), des émotions (négatives) ou des automatismes (malsains).

Les solutions viennent alors d'elles-mêmes : si vous n'avez pas assez d'énergie, il suffit probablement de vous reposer, de vous ressourcer. Si vous n'avez jamais le temps, un (bon) stage de gestion du temps peut suffire. Si vous êtes paresseux (c'est-à-dire pas motivé), clarifier vos motivations peut s'avérer payant... ou au contraire vous amener à abandonner ce projet qui ne vous motive pas ou plus. Dans tous les cas, vous retrouverez votre liberté et votre capacité d'action.

Procrastination

Mon ami ouvrit le tiroir de la commode de son épouse et en sortit un petit paquet enveloppé. « Ce n'est pas un simple paquet, c'est de la lingerie ! »

Il jeta le papier d'emballage et observa soigneusement la soie et la dentelle.

« Je l'ai achetée la première fois que nous sommes allés à New York, il y a huit ou neuf ans. Mais elle ne l'a jamais utilisée. Elle préférait la garder en attendant une occasion spéciale... Eh bien, je crois qu'aujourd'hui est une occasion spéciale... »

Il s'approcha du lit et rajouta ce paquet à d'autres choses que les pompes funèbres allaient emporter. Sa femme venait de mourir. En se tournant vers moi il me dit :

« Ne garde rien pour une occasion spéciale, chaque jour est une occasion spéciale ! »

Je pense toujours à ces paroles, elles ont changé ma vie... Aujourd'hui, je lis beaucoup plus qu'avant et je nettoie moins. Je m'assieds sur ma terrasse et admire le paysage sans prêter attention aux mauvaises herbes du jardin. Je passe plus de temps avec ma famille et mes amis et moins de temps au travail. J'ai compris que la vie est un ensemble d'expériences à apprécier. Désormais, je ne conserve rien. J'utilise mes verres en cristal tous les jours. Je mets ma nouvelle veste pour aller au supermarché si l'envie m'en prend. Je ne garde plus mon meilleur parfum pour les jours de fête, je l'utilise dès que j'en ai envie. J'ai supprimé les expressions du type « plus tard… », « un jour » ou « un de ces jours… ». Si cela en vaut la peine, je veux voir, entendre et faire les choses maintenant.

Je ne suis pas tout à fait sûr de ce qu'aurait fait la femme de mon ami, si elle avait su qu'elle ne serait plus là demain (un demain que nous prenons tous à la légère). Je crois qu'elle aurait appelé sa famille et ses amis intimes. Peut-être aurait-elle appelé quelques vieux amis pour faire la paix ou s'excuser pour une vieille querelle passée. J'aime penser qu'elle serait peut-être allée manger chinois (sa cuisine préférée).

Ce sont toutes ces petites choses non faites qui m'énerveraient beaucoup si je savais que mes heures étaient comptées. Je serais énervé de ne plus avoir vu certains de mes amis avec lesquels je devais me remettre en contact « un de ces jours»… Énervé de ne pas avoir écrit les lettres que j'avais l'intention d'écrire «un de ces jours». Énervé de ne pas avoir dit assez souvent à mes proches combien je les aime. Maintenant, je ne retarde plus rien, ne repousse ou ne conserve plus rien qui pourrait apporter de la joie et des rires à nos vies.

Et je me dis que chaque jour est spécial…

Auteur inconnu

Du même auteur, aux Éditions Jouvence

Savoir décider !

Vous arrive-t-il d'hésiter ? Évidemment, puisque la vie ne va pas sans tergiversations ! L'hésitation est parfois même sage et prudente… Mais connaissez-vous les freins qui vous empêchent de prendre une décision ferme et sereine ?

Souhaitez-vous décider plus aisément ? Bien sûr que oui ! La décision est à la fois nécessaire et hasardeuse, elle relève du jeu et de l'aventure… comme la vie !

96 pages
Prix : 4,95 €

Les fabuleux pouvoirs des accords toltèques

Ce livre sur les accords toltèques trace une perspective nouvelle sur les chemins de la sagesse, les voies spirituelles, les religions et les techniques de développement personnel modernes. Il montre les liens qui les unissent.

On y trouvera des exercices pratiques et concrets pour appliquer facilement les accords toltèques dans sa vie quotidienne, pour le bien-être de tous les instants.

200 pages
Prix : 9,70 €

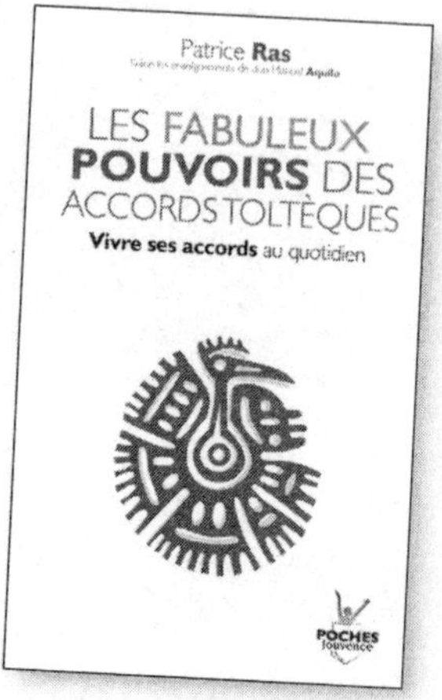

Morphopsychologie :
le visage, miroir de la personnalité

Cet ouvrage est un guide pratique et concret qui met la morphopsychologie à la portée de tous.

Abondamment illustré (44 dessins et 196 photos), il présente la morphopsychologie d'une manière simple et progressive.

S'appuyant sur les recherches de Louis Corman (le fondateur), dont l'auteur n'a éliminé que les aspects contestables, son originalité réside dans la façon de présenter cette discipline (modèle de la pyramide).

224 pages - Prix : 18,80 €

Achevé d'imprimer en décembre 2015
Imprimé en Espagne
Dépôt légal : Janvier 2011